KEMPNER

DAS LEBEN IST EIN GEDICHTE

Universal
Bibliothek

BELLETRISTIK

Friederike Kempner

DAS LEBEN IST EIN GEDICHTE

1986

Verlag Philipp Reclam jun. Leipzig

Herausgegeben von Horst Drescher
mit 23 Federzeichnungen
von Horst Hussel

[redacted]
ISBN 3-379-00013-2

Reclams Universal-Bibliothek Band 506
4. Auflage
Umschlaggestaltung: Friederike Pondelik unter Verwendung
eines Porträts der Friederike Kempner
Gesetzt aus Garamond-Antiqua
Printed in the German Democratic Republic
Lizenz Nr. 363. 340/40/86 · LSV 7105 · Vbg. 5,2
Gesamtherstellung:
Grafischer Großbetrieb Völkerfreundschaft Dresden
Bestellnummer: 660 507 2
00150

Herausgeber: Hochzuverehrende Friederike Kempner, mehr als sechs Jahrzehnte sind ins Land gegangen seit Ihrem Umzuge von „Gut Friederikenhof“ nach diesem kleinen, gemütlichen Stübchen hier auf dem Parnaß, dem letzten Wohnsitz der Unsterblichen. Der Reclam-Verlag hat Sie lange warten lassen; deshalb gleich zu unserer ersten Frage: Haben Sie, verehrte Dichterin, mit Ihrer Unsterblichkeit gerechnet? Zu Ihren Lebzeiten hatten doch wohl gegenteilige Stimmen die schnöde Oberhand.

Friederike Kempner: Die Dichter dichten alle mit dem Hintergedanken an die Unsterblichkeit. Alle denken, das hält! Aber ob's gehalten hat, das bestimmt die Nachwelt. Und an der habe ich nie gezweifelt. „Mitwelt, deine Schuld bezahlend, gräbt die Nachwelt einst mein Bild in Erz!“ Und ein Dichter hat einmal einem Dichter nachgerufen: „Der Dichter steht geduldig lächelnd an der Pforte und wartet, bis sein schleichend Volk ihm hinterherkommt.“ Mir persönlich hat das Gewarte nichts ausgemacht; die Leute haben mir leid getan, die meine Gedichte all die Jahre entbehren mußten. Und die schnöde Oberhand, das stimmt. In all den Jahren, wo ich meine Gedichte einzeln schrieb, haben elende Buben anonyme Flüche, Verleumdungen, Dynamit und Gift gelegt, und zwar noch und noch!

H.: Diese Gemeinheiten sind doch allseits von Ihnen abgeprallt.

F. K.: Aber vollständig, und zwar auf die elenden Schmeißer zurück! Weil die Nemesis nie ruht. Das Rad der Geschichte mahlt langsam, aber gerecht. Man kommt als Weiser aus solchen Attacken hinten heraus. Wer diese Pamphletisten mitgemacht hat ein ganzes Leben lang, der kann schon mal sechzig Jahre an der Pforte stehen. Was sind denn sechzig Jahre in der Ewigkeit? Nichts. Jedenfalls wenig. Außerdem sind Sie ja jetzt da.

H.: So ist es, deshalb zu unserer zweiten Frage: Ein Großteil Ihres lyrischen Œuvres ist sozialen Fragen gewidmet . . .

F. K.: Alle meine Werke sind sozialen Fragen gewidmet. Ich war achtzehn Jahre alt, als ich meine Denkschrift „Über die Notwendigkeit einer gesetzlichen Einführung von Leichenhäusern“ verfaßt habe. Das Problem der Scheintoten hat mich niemals verlassen.

H.: Dieses delikate Thema wollte ich eigentlich erst am Ende unseres Gespräches berühren. Meine Frage zielte mehr auf Ihr Interesse an den Zeitereignissen, die Sie doch gewiß von Ihrem kleinen Landsitz aus aufmerksam verfolgt haben.

F. K.: Verfolgt? Gelitten habe ich darunter! Zwischen der 7. und der 8. Auflage meiner gesammelten Gedichte entstand nämlich eine lange Pause, weil mehrere Kriege, der Spanisch-Amerikanische, der Chinesische, der Transvaalkrieg, dazu noch mehrere gehässige, ja blutige Bürgerkriege stattfanden; anarchistische Meuchelmorde, konfessionelle und religiöse Wirren erfüllten die Welt und zogen den Blick von den reinen und harmlosen Freuden der Poesie ganz und gar ab. Aber – unter uns – die Poesie kommt immer wieder hoch.

H.: Unsere kleine Auswahl Ihrer Gedichte ist ein Beweis dafür; könnten Sie nun aber nicht doch einmal etwas über Ihre Stellung zu den sozialen Fragen Ihrer Zeit äußern?

F. K.: Lesen Sie meine Ballade „Der Kontrast“. Ich habe sehr früh empfunden, daß die Geschicke hienieden sehr verschieden sind. Die einen wälzen sich im Luxus, andern sind die Gelder knapp. Ist das vielleicht gerecht? Wie aber den Kontrast zurechtrücken? Ich glaube, Zufriedenheit ist das A und O. Zum Beispiel im Winter: „Kalt ist’s, eine trock’ne Kälte. Aus modernen Burgen schallt Tadel für das Holz, den Heizer, durch die weiten Säle bald. Aber in des Armen Hütte ist von Tadel keine Spur, eingefroren ist das Wasser, und man weint und zittert nur.“

H.: Lob der Zufriedenheit!

F. K.: So könnte man sagen. Auch in meinem Gedicht „Das scheintote Kind“ . . .

H.: Dürfen wir diese Thematik noch ein klein wenig zurückstellen, weil ich mit meiner dritten Frage auf die vielen fremden Länder zu sprechen kommen möchte, in denen ein Teil Ihrer Gedichte spielen. Einige besonders schöne haben Amerika und seine Urwälder zum Handlungsorte: Haben Sie jemals den Boden Amerikas betreten?

F. K.: Nein. Nie. Keinen Schritt. Als Kind hat's mich dazu getrieben, auf den Brettern des Schiffes wollte ich's. Es ist aber nichts geworden. Wissen Sie, ein Dichter muß sich nur hineindenken. Ein Dichter muß sich ja in alles mögliche hineindenken, zum Beispiel in Scheintote, warum nicht auch in Amerika?

H.: Und Sie haben sich hineingedacht. Der Dschungel Ihrer Gedichte ist der gleiche wie der auf den Bildern Rousseaus, des Zöllners.

F. K.: Ich kenne diese Bilder nicht, war er in Amerika?

H.: Soviel mir bekannt ist, war er auch nie dort.

F. K.: Sehen Sie, man muß sich nur hineindenken. Ich habe mich in alles mögliche hineingedacht: in die Wüste, auf den Nordpol, nach Italien, zu den Tscherkessen im Kaukasus, bis nach Indien! Hinfahren ist keine Kunst. – Was haben Sie denn?

H.: Es geht schon wieder, es war so ein Moment, schwer zu beschreiben ... Meine vierte Frage betrifft das Sprachlich-Formale Ihrer Dichtungen. Immer wieder sind Stimmen laut geworden, die da meinten, Ihnen sei dieses oder jenes Gedicht, sagen wir nicht verunglückt, sagen wir, der Kuß der Muse war in dem einen Fall intensiver, in dem anderen Falle flüchtiger.

F. K.: Glauben Sie, Goethe hätte nur lauter starke Sachen verfaßt? Das ist wie beim Kuchenbacken, da bleibt auch mal einer sitzen; dafür kommt ein anderer wieder schön hoch.

H.: Gewiß. Aber um ins Detail zu gehen: Sie haben doch einen lebenslänglichen Kampf mit den zu langen Wörtern geführt; manche Ihrer Gedichte sind doch von Apostrophen förmlich übersät.

F. K.: Dafür gibt's doch die Auslassungshäkchen! Mit diesen Häkchen habe ich die Wörter eben kürzer gemacht, wenn sie nicht paßten. Die Sprache wurde dem Menschen verliehen, damit er sie meistert. Wer soll sie denn meistern, wenn die Dichter nicht? Ich habe auch Wörter länger gemacht, wenn sie zu kurz waren.

H.: Sie denken dabei an Nachekommen und Mitemenschen.

F.K.: Das ist die eine Methode. Man kann aber auch Wörter ein paarmal nehmen, wenn wo ein Loch im Rhythmus ist. Passen Sie mal auf: „Es ist der Neid" langt nicht. Da dichtet man: „Es ist der der, es ist der Neid." Man muß sich nur zu helfen wissen. Können Sie stricken?

H.: Nein, ich kann nicht stricken.

F.K.: Das ist schade, daran hätte ich's Ihnen erklären können, ein paar Maschen zugeben, nennt man das ... Was ist Ihnen denn schon wieder?

H.: Es irritiert mich, wenn Sie unser literarisches Gespräch immer wieder entgleisen lassen ...

F. K.: Uns entgleist doch nichts. Man muß nicht nur dichten, man muß auch mit beiden Beinen im Leben stehen! Ich habe mein Leben lang mit beiden Beinen im Leben gestanden. Mit fünfzehn Jahren habe ich schon der Krankenpflege obgelegen, ich habe in den umliegenden Dörfern alle Toten überprüft, damit nicht Scheintote vergraben werden. – Ach so, das wollten wir uns ja für den Schluß aufheben. Was haben Sie denn noch für Fragen?

H.: Literarische Vorbilder. Welche Dichter waren Ihnen Maßstab für das eigene Schaffen?

F. K.: Alle Großen! Heinrich Heine, Hermann Bödeker, Goethe, Lord Byron, Ferdinand Freiligrath, Richard Wagner, Schiller, Nees von Esenbeck ...

H.: War er ein Dichter?

F. K.: Nees von Esenbeck war Zoologe und Botaniker, aber groß! Ich habe ihn ein Leben lang verehrt. Ich habe auch mehrere Gedichte über ihn verfaßt; möchten Sie welche hören?

H.: Ich möchte schon, aber unsere Zeit ist bemessen; wir haben Ihre private Sphäre noch nicht erwähnt. Soviel bekannt ist, sind Sie Ihr Leben lang dem Stand der Ehe ausgewichen. Möchten Sie darüber etwas sagen?

F. K.: Keine Zeit. Wissen Sie, wenn man sich erst einmal ins Menschliche verstrickt hat, da ist kein Rauskommen. Wo nimmt man dann die Zeit für das Dichterische her? Außerdem, die gleißende Sinnlichkeit konnte mich nie die ihre nennen. Das heißt nicht, daß sich kein Bewerber gefunden hätte. Der hat sich! Aber ich weiß nicht, ob das hierher gehört. Man muß sich entscheiden: Entweder man pflanzt sich im Körper fort oder in der Welt der Poesie. Entweder – oder.

H.: Eine harte Entscheidung.

F. K.: Junger Mann, ein Lebenswerk im Reich der Poesie verlangt den vollen Menschen. Acht Auflagen „Gesammelte Gedichte", jede vermehrt! Zwei Tragödien: „Antigones" und „Jahel". Ein Drama: „Der Majestätsbrief". „Berenize", eine Tragödie in fünf Aufzügen und Jamben. Ein Lustspiel: „Der faule Fleck im Staate Dänemark oder Eine lustige Heirat". Aber das hat alles nicht eingeschlagen, nur der Majestätsbrief ist in Berlin aufgeführt worden.

H.: Vorwiegend historische Dramen. Sie haben sich also auch in längst vergangene Zeiten hineingedacht.

F. K.: Das muß man; man war doch nicht dabei damals. Aber man kann sich wissenschaftlich hineinbohren in alte Bücher und Berichte; jedenfalls muß man es wissen. Ich habe ja auch mehrere Lieferungen Auszüge aus den bedeutendsten Philosophen von Plato bis auf unsere Zeit herausgegeben. Außerdem zwei Schriften zur Humanität, gegen die Einzelhaft. Und nicht ohne Erfolg. Meine Denkschrift „Über die Notwendigkeit einer gesetzlichen Einführung von Leichenhäusern" hatte sechs Auflagen! Auf Grund dieser Denkschrift wurde 1871 in Preußen das Gesetz über Leichenhäuser und eine Beerdigungsfrist erlassen.

H.: Verehrte Friederike Kempner, ich weiß nicht, ob unsere Leser Ihr intensives Interesse für gesetzliche Leichenhäuser teilen; deshalb konnten wir auch nur Kostproben Ihrer so überaus anschaulichen Balladen über lebendig Vergrabene in unsere Ausgabe aufnehmen . . .

F. K.: Na Sie sind mir aber pimpelig, junger Mann. Ich habe bei meinen Untersuchungen auch manchmal müssen einen ausgraben lassen, wenn man es gar so eilig gehabt hatte mit dem Vergraben, und damals war ich ein Mädchen von sechzehn Jahren! Möchten Sie ohne viel Federlesen verscharrt werden, obwohl Sie sich gar nicht sicher sind, ob Sie tot sind? Sehen Sie. Deshalb habe ich über jeden Fall ein Protokoll aufgesetzt und das alles in meiner Denkschrift publiziert. Man muß der unvernünftigen Menschheit juristisch und seelisch auf den Leib rücken. Mit Denkschriften und mit Gedichten. Und technisch. Ich hatte eine Anlage entwickelt, um bei etwaigen Irrtümern erste Hilfe zu bringen. Ein mechanisches Signalsystem! In den Sarg führt ein Draht, über Rollen und durch Rohre; er endet in einem Griff zum Ziehen. Das andere Ende führt im Totenwärterhäuschen zu einer Glocke.

H.: Einfach, wie alles Geniale. Haben Sie dergleichen auch für den eigenen Bedarf konstruiert?

F. K.: Für mich hatte ich eine elektrische Anlage bauen lassen. Aber wie's oft so kommt: Das Rad der Geschichte überholt uns auf einem Nebengleis; die Feuerbestattung wurde eingeführt.

H.: So endete eine vielversprechende humanistische Bemühung, ohne die erhofften Früchte getragen zu haben; und auch ich muß unser Gespräch einem würdigenden Schlußwort entgegenführen. Verehrte Friederike Kempner, ein Leben lang haben Sie mit heißem Herzen gegen Vivisektion, Einzelhaft und Scheintote gekämpft. Lange und kurze Gedichte haben Sie gegen Bösewichter geschleudert, die Blumen und Käfer zertreten und Völker schlecht regieren. Die großen sozialen Kontraste haben Sie zwar nicht gelöst, aber poetisch herumgebohrt haben Sie an ihnen auf eine so unnachahmlich amüsante Weise, daß Ihre Gedichtbände als bibliophile Kostbarkeiten von Hand zu Hand gehen. Wo sind Ihre Kritiker, die Ihnen rieten, den Pegasus notschlachten zu lassen? Vergessen sind sie. Ihre vielgeschmähten Verse aber leben. Und daß Sie unverdrossen Ihrs gemacht haben, ohne sich nach den höhnischen Pfeilen Ihrer klugen Kritiker auch nur umzudrehen, dafür graben Ihnen die

Freunde Kempnerscher Lyrik gewiß ein großes Bild in Erz. Was macht's, daß Sie die wahre Ursache der Unsterblichkeit Ihrer Musenkinder nicht ahnen konnten: Hauptsache unsterblich! Ich danke Ihnen.

F. K.: Keine Ursache. Sind Sie so sicher, daß ich nicht manchmal was geahnt habe?

1. ABTEILUNG

Einleitende Bekenntnisse und Geständnisse

DIE EINGEBUNG

Die Vögel sangen ihr Morgenlied,
Man hörte den Jubel im ganzen Gebiet,
Im Ost' die purpurne Sonne glüht.

Allein in meinem stillen Gemach,
Umrankt von üppigem Blätterdach,
So saß ich träumend, ach, träumend wach
Und dachte und sann gar eifrig nach.

Den Kopf auf beide Hände gestützt:
„Hat es gezündet? Hat es genützt?
Was ich geschrieben so frei und frisch?"
Und kindisch schlug ich auf den Tisch.

„Ist dies der Lohn für alle Müh'?
Für Wirklichkeit und Poesie?
Wen kümmert's wohl? Wer steht mir nah'?
Steht alles nicht noch feindlich da?"

Da horch! Da sieh! Was sprengt heran?
Welch prächtiges, glänzendes Viergespann!
Apollo selber im Sonnenwagen:
Kannst du dich jetzo noch beklagen?

GEGEN VORURTEILE

In die Wolken möcht' ich fliegen,
In die Sonne möcht' ich sehen!
Jedes Vorurteil besiegen
Und als Sieger vor euch stehen.

FEST WIE EINE MEMNONSSÄULE

Nur allein kann ich erstarken,
Nur allein sprießt mir die Kraft,
Tret' ich in des Kampfes Marken
Mit des Mutes Eigenschaft.

Sag' ich los mich jenem Jammer,
Jenem tiefen Seelenweh –
Meine Lenden gürt' ich strammer,
Und gepanzert fest ich steh'!

Fest wie eine Memnonssäule,
Unter mir der Staub der Welt –
Ob mein Blick auch drauf verweile –
's ist der Blick von einem Held.

Fest wie eine Memnonssäule,
Schwarzer Marmor ist mein Kleid,
Doch nicht müßig ich verweile
In der Wüsten Einsamkeit.

Pflegend nicht wie jener König
Von Ägypten feiger Ruh,
Der ist gar nichts oder wenig,
Der dem Bösen siehet zu.

In die Enge, ins Gedränge
Stürz' ich mich mit lautem Klang,
Singe vor der ganzen Menge
Ew'ger Wahrheit großen Sang!

SONETT

Arglos und harmlos
Durch's Leben hin,
Kommt mir das Böse
Nicht in den Sinn!

Arglos und harmlos
Glücklich ich bin,
Hör' ich das Böse,
Denk' ich nicht hin!

Und kaum ist's verhallt,
Vergess' ich es bald,
Vergesse um zu vergeben,
Vergesse um zu erheben
Zum reinen Leben
Durch güt'ge Gewalt.

RESIGNATION

Was nützen meine Lieder,
Was soll mein schönes Herz?
Dämonen seh' ich wieder
Mit Zungen hart wie Erz.

Dämonen seh' ich wieder,
Im Aug' den gift'gen Strahl.
Was soll das blau Gefieder,
Des Dichters Ideal?

O schweigt ihr gold'nen Lieder!
Halt! Stille Poesie!
Du fielst vom Himmel nieder –
Hier wirst du heimisch nie!!!

DÜST'RE IDEEN

Düster liegt die Welt mir da,
Wie ein ödes Meer.
Und der Abgrund ist so nah,
Und er reizt mich sehr.

Drin vergessen und versenken,
Selbst das Schöne mit.
Nichts mehr fühlen, nichts mehr denken:
Erde, wir sind quitt!

AM SCHEIDEWEGE

Weicher wurden meine Saiten,
Düst'rer ward mein Blick,
Sprich, wie soll ich dich mir deuten,
Rätselhaft Geschick?

Bessere Gefühle ringen
Sich in meiner Brust,
Besserem wird schwer Gelingen –
Schadenfrohe Lust!

Nicht mehr grad, wie Pol zum Pole,
Fass' ich's im Begriff,
Von dem Scheitel bis zur Sohle
Gleicht's unsich'rem Schiff.

Aus dem positiven Grunde
Ward ein Frührotschein,
Trau mein Urteil kaum dem Munde,
Könnte irrig sein.

Als da leuchteten die Sterne,
Holden Glückes Schein,
Kannt' ich in der weit'sten Ferne
Jeden Punkt allein.

Wie mit Seherblick begabet,
Traf ich alles recht,
Ob ihr Falsches, Böses gabet,
Kannt' ich in der weit'sten Ferne

Helle Sterne untergingen,
Dunkel mich umgibt,
Wolken liegen auf den Dingen,
Kenn's nicht, was mich liebt.

Kann es schwer nur unterscheiden,
Was da falsch, was echt,
In der Finsternis der Leiden
Wird das Auge schlecht.

Kehret wieder, goldne Sterne,
Holden Glückes Schein,
Daß ich finde in der Ferne
Jeden Punkt allein.

MICH NICHT!

Deine Stürme, deine Wogen,
Deine ahnungsschwere Lust,
Sicher haben sie betrogen
Manche unschuldsvolle Brust!

Rosenbüsche, dunkle Haine –
Falsch ist deine Süßigkeit,
Nennest niemals mich die Deine:
Heftig blühende Sinnlichkeit!

TROST IN SCHWERER STUNDE

Als ich heut' so bitterlich
Tief vor Gott geweinet,
Da – ein kleines Vögelein
Meinem Schmerz sich einet.

Flog zu mir bis an den Sims
Meines Fensters, treulich:
„Weine nicht, du Herzensmaid,
Schrecklich ist es freilich!"

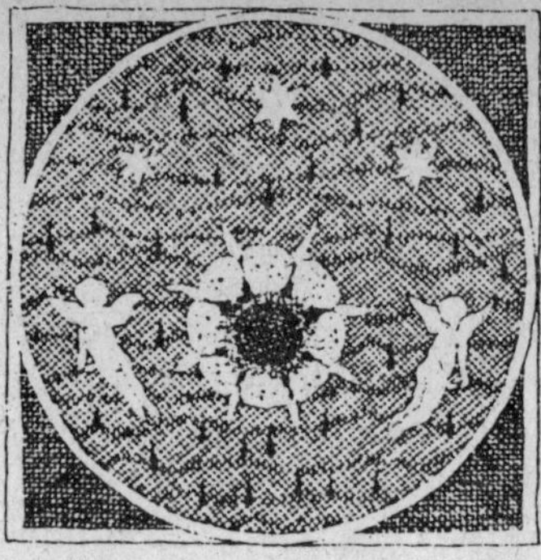

ELEGIE

Heiße Tränen fließen, rauschen
Über mein Gesicht.
Ob die Englein ihnen lauschen?
O ich zweifle nicht!

Bin so öde, bin so trübe,
Melancholische Gestalt,
Wenn es nur nicht also bliebe:
Glühend heiß und kalt.

NICHTS WISST IHR

Wie wüßtet ihr, was ich empfinde?
Ihr wißt es nicht, ich sag' es frei!
Wart ihr denn etwa auch dabei,
Als sich entfesselten die Winde?

LETZTE FRAGEN

Einsam wachend liege ich im Bette,
Wo selbst doch Mörder ruh'n.
Oh, daß ich nur Gutes begangen hätte!
Ob Mörder Gutes tun?

Ob Mörder ein Gewissen haben?
Nur Gott es weiß!
Sind Nachtigallen gleich die Raben?
Mein Bett ist weiß!

WENN'S GELINGT

Zwecklos scheint mein Leben,
Ohne Zweck mein Sein,
Doch ein einzig Streben
Hüllt's in Dunkel ein.

Ist's dereinst gelungen,
Wird vielleicht gesungen:
„Viel hat sie getan.
Wen'ge sahn's ihr an!“

2. ABTEILUNG

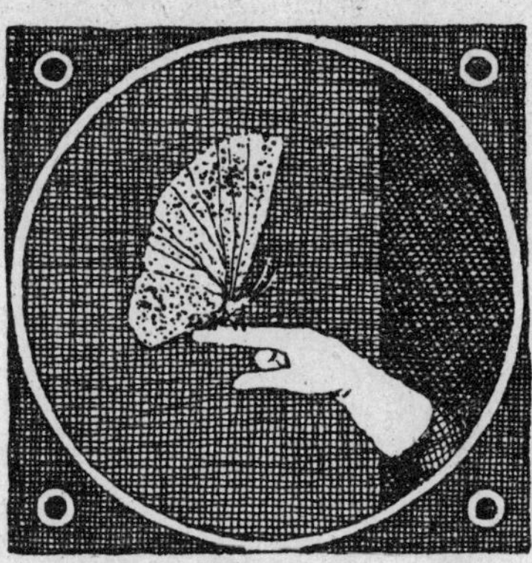

Verteidigung der Poesie; vor allem der eigenen

Poesie ist Leben,
Prosa ist der Tod,
Engelein umschweben
Unser täglich Brot.

UNTREFFLICH

Wie den Dichter ihr auch ankläfft,
Nie ihr ihn doch tödlich trefft.
Schnell er steiget auf den Baum,
Träumt daselbst den schönsten Traum.

STOSS-SEUFZER

Könnt' der Himmel mir nicht schenken,
Was sich leicht doch ließe denken:
Jeden Tag ein rein Gedicht!
Ach, warum denn schenkt er's nicht?

AN DEN LORBEER

Ich liebe dich – ich will's gestehen –
Mehr als das erste Frühlingswehen.
Dein süßer Duft, der ewig währt,
Ist in der ganzen Welt geehrt.
Doch nicht des Siegeslorbeers Blatt:
Wer es empfängt – getötet hat!
Der schmale, schön gezackte ist's,
Du dunkelgrüner Lorbeer bist's!

TRÖSTEND SENKT DIE POESIE

Tröstend senkt die Poesie
Sich auf meine Seele,
Ihren Schleier hebet sie,
Wenn ich's euch erzähle.

Gold'ne Leyer, bleibe mein,
Häng' dich um die Seele.
Deine Töne, klar und rein,
Liebend ich sie stehle.

VERSENKUNG

O wißt ihr, was ich denke?
O nein, ihr wißt es nicht!
Wenn ich mich ganz versenke,
Dann denk' ich ein Gedicht!

DIE NACHTIGALL (DICHTER) UND DIE KATZE (KRITIKER)

(Ein Gleichnis)

Die Nachtigall, sie schlaget
In Blitz und Donner fort,
Solang ein Baum noch stehet,
Bleibt jubelnd sie am Ort.

Sie jauchzet auf am Morgen,
Sie liebt des Tages Licht,
Doch Katzen, ihre Feinde,
Vertragen solches nicht.

Die Katze webt im Dunkeln,
Ist Königin der Nacht,
Doch Nachtigall trotzt singend,
Nächtlich der finstern Nacht.

Die Dichter alle dichten
Trotz Nacht, Verrat und Spott,
Inmitten ihrer Feinde –
Ruhig, getrost auf Gott!

Von jedem Platz der Erde,
Von dem er nicht verbannt,
Hat stets der wahre Dichter
Sein Veto ausgesandt.

Und beide, beide hören
Zu singen niemals auf:
Ihr Katzen und Philister,
Mein Ehrenwort darauf!

DIE POESIE

Die Poesie, die Poesie,
Die Poesie hat immer recht.
Sie ist von höherer Natur,
Von übermenschlichem Geschlecht.

Und kränkt ihr sie, und drückt ihr sie,
Sie schimpfet nie, sie grollet nie,
Sie legt sich in das grüne Moos,
Beklagend ihr poetisch Los!

MIR EGAL

Ob auch Köter bellen
Und mir Fallen stellen,
Ich kümm're mich drum nicht
Und mach' ein hübsch' Gedicht!

OHNE EIN ZWITSCHERN

Mich ergreift die Langeweile,
Und ich schreibe keine Zeile,
Kein Vogel gedeiht in solcher Luft,
Wo alles nur nach Gelde ruft.

Wo alles raset nach Gewinn,
Kommt einem gar kein Lied in' Sinn.
Die Bäume stehen öd' und leer,
Man hört kein einz'ges Zwitschern mehr.

GENIE IST FLEISS

Willst gelangen du zum Ziele,
Wohlverdienten Preis gewinnen,
Muß der Schweiß herunterrinnen
Von der Decke bis zur Diele!

EIN ANSTÄNDIGER MENSCH NENNT SICH

Dumme Jungen, Pamphletisten,
Schlechte Juden, schlechte Christen
Legten Dynamit und Gift,
Kein's von beiden je mich trifft!

Anonyme Flüche blitzen,
Zünden, treffen und erhitzen
Nur den Fluchenden allein:
Armer Flucher! Urgemein!

DER DER – DAS DAS – DIE DIE

Wer, fragt ihr, wer
Tut dir das Leid?
Es ist der der,
Es ist der Neid!

Was, fragt ihr, was
Ist dir vergällt?
Es ist das das,
Es ist das Geld!

Wie, fragt ihr, wie?
Wer macht dich frei?
Es ist die die,
Die Poesei!

Unnütz lyrisches Gesinge,
Unnütz lyrisches Geklinge,
Gehst du mir nicht aus dem Sinn,
Schreib' ich auf's Papier dich hin!

FREIE RHYTHMEN

Nicht Stände gibt es und Kasten
Im Reiche der Poesie,
Das Mannigfache im Schönen,
Es bildet die Harmonie.

Daktylen und Jamben, Trochäen,
Sie schließ' ich in einen Bund.
Die Regel, sie ewig zu trennen,
Hat keinen vernünftigen Grund.

IN DER BRANDUNG

Freundlichere Ufer winken
Auf des Lebens weitem Plan –
Laß ich hier die Ruder sinken,
Halte an den schwanken Kahn?

Nimmermehr an flachem Strande,
Wo da landet leicht der Troß;
Zu dem wilden Wogenbrande
Kühnen Blick's ich lenk' mein Floß!

Mag's zerschellen, mag's zernichten!
Nicht kann kümmern mich sein Los!
Im Zerschellen werd' ich dichten,
Noch in der Zernichtung groß!

3. ABTEILUNG

Philosophische Gedankenlyrik und Nachdenkliches

DIE RINGUNG

Es ringt der Regen mit dem Winde,
Es ringt der Segen mit dem Fluch,
Es ringt das Alter mit dem Kinde,
Es ringt die Sage mit dem Buch.

Es ringt die Tugend mit dem Bösen,
Es ringt die Arbeit mit dem Gold,
Es ringt ein jeglich, jeglich Wesen:
Ob es, und ob es nicht gewollt!

DAS IDEELLE

Wie die Rose unter Dornen,
Steht das Ideelle jetzt,
Nur das Scheußlich-Materielle
Kommt zuerst und kommt zuletzt!

Wird gepredigt aller Orten,
Als Vernunft, Gebot der Zeit,
Und mit Beispiel und mit Worten
Macht es überall sich breit.

Aber wie die Röslein blühen,
Ungetrübt und ewig rein,
Bleibet alle Schönheit sein,
Trotz der Dünste, die da ziehen!

SCHÖN UND NICHT SCHÖN

Willst du nach den Sternen fragen?
Werden sie dir Antwort sagen?
Schönheit freilich ist es nicht,
Was nur aus dem Staube spricht:

Schön ist nur das Große, Reine,
Meer und Feuer, Sonnenscheine,
Schön ist auch Vergißmeinnicht
Und ein treues Augenlicht!

Alles Gute, Freie, Biedre!
Aber alles andre Niedre
Häßlich, scheußlich, ekel ist:
Duftig nimmer ist der Mist.

DAS LEBEN IST EIN GEDICHTE

Ich weiß eine große Geschichte,
Die meisten fühlen sie nur:
Das Leben ist ein Gedichte,
(Und oft eine schwere Kur!)

Verschieden sind ja Gedichte,
Das eine rosig und licht,
Das and're hat Bleigewichte
Und macht ein bitt'res Gesicht.

PRALL NICHT AN

Prall nicht an, prall nicht an!
Steine gibt es überall,
Und man kann, und man kann
Haben einen bösen Fall.

Stoß nicht an, stoß nicht an!
Böse Menschen gibt es viel,
Und man kann, und man kann
Kommen in ein böses Spiel.

Halt zurück, halt zurück!
Deine Meinung, deinen Blick,
Und die Klugheit und das Glück
Leiten weise dein Geschick.

HILFE

Menschliche Hilfe ist bald kaputt,
Göttliche Hilfe allein es tut.

GROSSER MENSCH IST NICHT GELIND

Auf den Bergen weht der Wind.
Großer Mensch ist nicht gelind.
Ist gelinde nur zu Zeiten,
Muß für Recht und Wahrheit streiten,
Muß für Recht und Wahrheit siegen
Und die Siegespalme kriegen.

AUF DES LEBENS OZEAN

Auf des Lebens Ozean
Fährt der Dampfer, stolz geehrt.
Mancher, ach, im schwanken Kahn
Stehend jede Welle wehrt.

Seht, das Schiff mit sich're Hast
Fast im Hafen liegt –
Und der Nachen ohne Rast
Auf den Wogen fliegt.

Himmelhoch und abgrundtief
– Gott der Mensch zu Hilfe rief –
Endlich er vor Anker lief.
Doch es rennt des Dampfers Last
An der Klippen mächt'gen Ast
Und zerschellet Kiel und Mast.

BIBLISCHES

Wehmütig,
Demütig,
Viel verkannt und tief gebeugt
Ist der Mensch, vom Weib erzeugt.

FREIHEIT UND NOTWENDIGKEIT

Täubchen, immer froh
Bist du, niemals roh.
Frag' ich mich da still,
Ob's der Mensch auch will?

Liebes Täubchen hold,
Du bist treu wie Gold.
Doch mir macht Verdruß,
Daß der Mensch oft muß!

VERTRAUEN IN GOTT

Freundlich gucken meine Blicke
Hoffnungsvoll den Himmel an,
Einem freundlichen Geschicke
Harrt getrost der fromme Mann.

ASTRONOMISCHES

Kannst du zweifeln, kannst du zagen?
Blick nach jenem „Großen Wagen“,
Wo da jeder Himmelszoll
Von Myriaden Welten voll!

Myriaden Welten, Sonnen,
Ewigkeiten, ew’ge Wonnen.
Heil’ge Gottheit, höre mich,
Tief im Staube preis ich dich!

AN DEN HÖCHSTEN

Du läßt den Menschen steigen,
Hinauf bis zum höchsten Berg,
Dann läßt du ihn wieder sinken,
Hinab bis zu einem Zwerg.

BEIM ANBLICK EINES PRACHTVOLL GEWESENEN BUKETTS

So sieht es aus, das Irdische,
Nach kurzer Zeit!
Das sind die blendenden Irrwische
Der Zeitlichkeit!

FRÜHLING

Sieh, es grünt an allen Ecken
Und auf allen Länderei'n,
Und es tummeln sich die Gecken
In des Frühlings Sonnenschein.

Nachtigallen singen, flöten,
Lerchen steigen jubelnd auf,
Doch die Frösche und die Kröten
Hemmen der Begeist'rung Lauf.

Gehabt euch wohl, Gott segne euch,
Euch all' im Sonnenlicht,
Dich Vöglein, Röslein, Immergrün.
Die Dornen und die Würmer nicht!

AM FREMDEN ORT

Dieselben Bäume hier wie dort,
Dieselben Gräslein hier wie dort,
Dieselbe Sprache hier wie dort,
Und dennoch bleibt's ein fremder Ort.

DAS LEBEN I

Eins ist mir klar zu jeder Frist:
Das Leben ist so, wie es ist.
Denn selbst, wenn's würde anders sein,
Stimmt's mit sich selber überein.
So daß man dann auch sagen müßt':
Das Leben ist so, wie es ist.

DAS LEBEN II

Es geht bald hin und her,
Es geht bald leicht und schwer,
Der Weg bald eng und weit,
Und stets verrinnt die Zeit.

ANGESICHTS DES OZEANS

Vom Felsen seh' ich hinab in das Meer,
Es schäumet, tobet und rast einher
Seit vielen Tausenden von Jahren,
Eh' ich und alle waren.

ALLES WIRD ERST

'S ist ja alles nur ein Träumen,
Nur ein silberweißes Schäumen
Von dem Meere, das erst wird.

Wie ein Degen, der da klirrt,
Eh' er aus der Scheide irrt
Zu den tatengroßen Räumen.

Wie der Aar die Schwingen hebt,
Wenn er noch im Neste lebt,
Eh' er auf gen Himmel schwebt!

KURZ ODER LANG

Der Tag so kurz, der Tag so lang,
Die Stunde so kurz, die Stunde so lang,
Das Leben so kurz, das Leben so lang:
Die Freude so kurz, ach, und niemals lang.

TRÄUMEREI

Laßt mich schlafen, schlafen,
Träumen lange Zeit,
Damit ich verträume –
Halbe Ewigkeit.

Ewigkeit hat keine Hälften,
Stets erneuernd sich,
Stets auf's neu beginnend,
Währt sie ewiglich.

Nun, so laßt mich schlafen,
Träumen ew'ge Zeit,
Daß ich schön verträume:
Ganze Ewigkeit.

MAHNUNG

O vergeudet nicht die Kräfte
In der eitlen Sinnenlust!
Werfet ab den Staub zur Erde –
Falls ihr euch des Staub's bewußt!

DIE NEMESIS

Die Nemesis, sie waltet
Bei allem, was man tut.
Nehmt euch in acht, ihr Menschen:
Die Nemesis nie ruht!

4. ABTEILUNG

Mensch und Tier
in der bürgerlichen Gesellschaft

WIE VERSCHIEDEN IST'S HIENIEDEN

Jedesmal, wenn frohe Stunden
Mir im Herzen stattgefunden,
Haben sich mir vorgestellt
Auch die Leiden dieser Welt.

Schon, daß gar so sehr verschieden
Uns're Lose sind hienieden –
Goethe zwar fand nichts dabei,
Doch mir scheint's nicht einwandfrei.

Pilz des Glücks ist dieser eine,
Jener Stiefpilz des Geschicks,
Einem sind als O die Beine,
Andern wuchsen sie als X.

Sorglos aalen sich die Reichen,
Andern sind die Gelder knapp,
Und noch ungestorb'ne Leichen
Senkt zum Orkus man hinab.

Wißt ihr nicht, wie weh das tut,
Wenn man wach im Grabe ruht?

LOB DER ZUFRIEDENHEIT

Kalt ist's, eine trock'ne Kälte.
Aus modernen Burgen schallt
Tadel für das Holz, den Heizer,
Durch die weiten Säle bald.

Aber in des Armen Hütte
Ist von Tadel keine Spur,
Eingefroren ist das Wasser,
Und man weint und zittert nur.

ERGO: BRUDER!

Stets vom Haß ein ganzes Fuder
Und von Liebe gar so wenig?
Ob wir Bettler oder König:
Mensch ist Nächster – ergo: Bruder!

DIE ZWEI GNOMEN FANATISMUS UND GELD

Auf der Kette wohlverschlungner Berge
Stehn zwei Gnomen, stolz und mächtig groß,
Tausend Riesen knien vor jedem Zwerge,
Ihre Arme müßig bei dem eignen Los:
Nur wenn jene Gnomen es gebieten,
Eilt die Arbeit, daß die Funken sprühten.

Jedem Zwerg ist untertan die Erde,
Krüppelhaft gestaltet sich die Welt,
Riesen wurden eine staub'ge Herde
Vor dem Fanatismus und dem Geld;
Geist'gen Arme, schüttelt eure Kette,
Und die Gnomen gleichen Brandesstätte!

WANDERLIED DES FLIEGENDEN HÄNDLERS

Türe auf, Türe zu,
Niemals Rast, niemals Ruh,
Schöne Damen, liebe Herrn,
Kaufet freundlich, kaufet gern,
Brauch'n auf Brot und brauch'n auf Bier,
Und das gönnt ihr sicher mir.

Türe auf, Türe zu,
Niemals Rast, niemals Ruh,
In der Kälte, in der Glut
Keiner meiner Füße ruht,
Such' am Herde einen Platz,
Finde keinen, keinen Schatz.

Schöne Damen, liebe Herrn,
Kaufet freundlich, kaufet gern,
Komm' aus fernem Lande her,
Und dem Fremdling wird's so schwer.
Türe auf, Türe zu,
Niemals Rast, niemals Ruh!

ZUM PROBLEM DER ARBEITSZEIT DES LANDMANNES

Arme Menschen, arme Tiere,
Ist's noch finster, müßt ihr raus.
Arme Tiere, arme Menschen,
Lang' ist's finster, geht's nach Haus.

Grüne Saaten, grüne Blätter,
Braune Stämme, gelbes Schilf:
Ach, dem Landmann mit den Sorgen,
Gott, dem armen Landmann hilf!

SOZIALES BEKENNTNIS

Wie heißt das Wort, das in der halben Welt
Man gleichbedeutend mit dem Gelde hält;
Doch mit dem Geld, das stets im Säckel bleibt
Und schon von selbst die besten Zinsen treibt?
Es ist, es heißt die die die die,
Die teuere Bourgeoisie!

Wie heißt das Wort, das in der halben Welt
Man gleichbedeutend mit dem Elend hält;
Doch mit dem Elend – das mit wackrem Mut
Die schwere, große Arbeit tut?
Es ist, es heißet: der der der,
Es heißet Proletarier!

Wie heißt das Wort, das in der halben Welt
Man gleichbedeutend mit Utopien hält;
Doch mit Utopien ähnlich Morgenlicht,
Das licht und warm zu jedem Herzen spricht?
Es ist, es ist mein Ideal,
Das große Wort, es heißt: sozial!

EGOISMUS

An der Tugend nur genippet
Und die Bosheit ausgetrunken,
Also sind die armen Menschen
In ihr liebes „Ich" versunken.

TOLERANZ

Zanket nicht, hetzet nicht!
Friedlich scheint das Sonnenlicht.
Laßt die Juden und die Christen
Ungekränkt ihr Leben fristen.

Zanket nicht, hetzet nicht!
Jedem scheint das Sonnenlicht.
Laßt die Christen und die Juden,
Muselmänner, Botokuden,

Lasset alle ungestört,
Jede Feindlichkeit zerstört
Harmonien nah und fern,
Lobet alle Gott den Herrn,
Dessen güt'ge Vorsicht hört
Solch' Gezänke gar nicht gern!

NUR ZU!

Sperrt euch ein in große Städte!
Atmet ein die dicke Luft,
Die ein and'rer ausgeatmet,
Unbeschreiblich süßer Duft!
Brauchet dann noch eine Kur,
Eine Morphium-Mixtur,
Und ihr bauet eine Kluft
Zwischen euch und die Natur!
Ach, ihr bauet eure Gruft!

VERLEUMDUNG

Kennt ihr sie nicht, die böse bunte Schlange,
Die vom Gebüsch die Ferse sticht?
Sie schleicht verderbend auf dem Gange
Und tretet nie vor's Angesicht.

Ihr Weg ist Mord, allein ganz ungefährdet.
Vergiftet sie aus dem Versteck:
Horch! Zischend sie im Staube sich gebärdet . . .
O Menschen, schafft das Monstrum weg!

GEDANKEN ÜBER DAS NIEDRIGE LÄCHELN DER DIRNE

Wie niedrig lächelt die Dirne,
Wie spiegelt sich drin ihr Herz,
Kein Lächeln ist's der Gestirne,
Nur Glanz von gemeinem Erz.

PHYSIOGNOMISCHES

Kälte, eis'ge Kälte,
Wärme nur belebt!
Auf so manchem Antlitz
Ganzes Eismeer schwebt . . .

GEGEN DIE EINZELHAFT

(Furioso)

Allein, allein – doch nicht auf freier Erde,
In einer Zelle düst'rem Raum allein –,
Dämonen steigen auf im engen Schrein,
Als Ton ein Schrei! Als Bild wahnsinnige Gebärde!

Nacht – Tag – Nichts – Nichts, die Zeit sie stehet stille,
Das Herz steht gleichfalls still. Im Innern lebt's.
Von außen Eis und Tod. Im Innern bebt's.
Im Innern kocht und bäumet sich des Menschen Wille!

Des Menschen Wille! Groß und furienähnlich,
Kleinmütig, schwach, Barmherzigkeit ich fleh'!
Werft mich hinab in schäumend wilde See!
Nach raschem Tod, nicht nach lebend'gem Grab begehr' ich sehnlich!

Vom schroffen Fels stoßt mich mit Menschenhand hinunter!
Laßt mich dabei ein einzig Menschenantlitz sehn!
Ertötet nicht den Blick – Die Sonne bleibt am Himmel stehn.
Die Sinne, die gemordet, gehn für immer unter!

UNSCHULDIG VERURTEILT SEIN

Unschuldig verurteilt sein
Ist ein Unglück, das nicht klein.
Doch natürlich ist es fast,
Trifft den Richter keine Last.

Keine Schuld? Ach, unfehlbar?
Ob ein Richter stets es war?
Straflos darf ein Richter sein?
Darauf sagt ein jeder: Nein!

MENSCH UND TIER

Hat *Er* es nicht gleich uns erschaffen?
Mit gleichen Sinnen auch versehn?
Es liebt und haßt, fühlt Weh und Freude:
Das müßt Ihr ja doch zugestehn!
Und daß es nicht auch noch französisch spricht,
Das ändert doch die Sache nicht!

AN DIE DARWINISTEN

Ach von Affen? Ja von Affen!
Geht mir weg mit eurem Licht,
Gott hat mich als Mensch geschaffen,
Und von Affen stamm' ich nicht!

Hatte jemals ich vier Hände?
Dafür hab' ich Füße, zwei.
Kletterte ich je auf Wände?
Sagt, ob das wohl äffisch sei?

Nicht für euch brech' ich die Lanze,
Mir nur sollen sie nicht nah'n.
Meinetwegen geht zum Tanze
Mit dem ält'sten Pavian!

VERSCHIEDENE SORTEN ÄRZTE

Die Ärzte Philosophen gleichen,
Der große staunt und betet an,
Der kleine sieht in Gottes Reichen
Sich selbst als größtes Wunder an.

Beschränktheit absolut diktieret,
Die Weisheit bleibt ihm fremd und fern;
Wen nie der Genius berühret,
Ein solches Männchen täuscht sich gern.

GEGEN DIE VIVISEKTION

Ein unbekanntes Buch der Seele kettet
Den Menschen an das arme Tier.
Das Tier hat einen Willen. – Ergo: Seele!
Wenn auch 'ne kleinere als wir.

Ein Mensch, mißbrauchend die Gewalt und Stärke,
Ein lebend Herz zerreißen? Wie?
Wer gleicht denn hier dem wilden Tiere?
Ist es der Mensch? Ist es das Vieh?

DAS WEISE VIEH

Die man nach uns Geschöpfe Gottes nennt:
Das edle Wild, kann es nicht sagen,
Wie Jagd und Hunde ihm behagen!
Und wenn man den Hals des Fisches sticht,
Denkt man, die Fische empfinden's nicht?

Ei, seht doch, wie doppelt unbillig,
Die Fische zucken ja! Doch böswillig
Will man sie dennoch gefühllos nennen,
Weil sie nicht seufzen und klagen können.

Und so geht's bis zum Elephanten hin.
Still behält es den unabhängigen Sinn,
Das gute, weise, edle Vieh,
Denn Sklavendienst beugt seine Weisheit nie!

Stolz denkt es an das heimatliche Gebiet,
Sanft duldend, was im Ausland ihm geschieht.
Aus all' diesem ziehe ich den Schluß,
Daß die Sage-Kunst man haben muß.

Anmerkung: Aus den Gedichten ohne r.

ANFRAGE AN DIE ZUGVÖGEL

Liebe Vöglein, singet ihr
Was und welches Lied?
Ob vom kalten Norden her,
Ob vom heißen Süd'?

Ob von Schneelawinen nur,
Wo die Raben schrei'n,
Oder wo auf Kaktus' Flur
Kolibris gedeihn?

Ob wo Eichenblätter weh'n.
Herbstlich rosenrot,
Oder wo auf Baumes Höh'n
Wächst das Wunderbrot?

Heißer Süden, kalter Nord,
Sagt wo's besser ist.
Sag, mein Vöglein, sag auf's Wort:
Wo du lieber bist!

LEIPZIGER LERCHEN

Die lieblichen Sänger des Feldes,
Ach, nackt und zum Fraße bereit,
Ihr werdet doch Lerchen nicht essen?
Mein Gott, ihr wär't nicht gescheit!

Die Lerche, die wahre Poetin,
Zum Himmel schwingt sie sich auf,
Ihr Nestlein sorglos am Boden,
Die Senner treten darauf.

Allein der Bauer vom Lande,
Er hat ein natürlich Herz,
Mit Schonung schwingt er die Sense,
Die Sense aus Stahl und Erz.

In Leipzig aber schlachten
Die singenden Kehlchen sie,
Ach, nackt und klein zum Erbarmen,
Ein Schlachten der Poesie!

5. ABTEILUNG

Die Toten und die Scheintoten

DAS SCHEINTOTE KIND

(Nocturno)

Stürmisch ist die Nacht,
Kind im Grab erwacht,
Seine schwache Kraft
Es zusammenrafft.

„Machet auf geschwind!"
Ruft das arme Kind,
Sieht sich ängstlich um:
Finster ist's und stumm.

Überall ist's zu,
„Mutter, wo bist du?"
Stoßet aus den Schrei,
Horchet still dabei.

Und in seiner Qual
Klopft es noch einmal,
Sieht sich grausend um:
Finster ist's und stumm.

Streckt die Ärmlein aus,
Hämmert schnell drauf los,
Ruft entsetzt und laut:
Hört, ich bin nicht tot!

Lehnt sein Haupt an' Arm:
„Daß sich Gott erbarm',
Lebt man ewig so?
Und wo stirbt man so?

Ach, man hört mich nicht,
Gott, ach nur ein Licht!"
Sieht sich nochmals um!
Finster bleibt's und stumm.

Stier und starr es tappt,
Und am Sarg' es klappt,
Horch, da strömt sein Blut
Durch des Nagels Hut.

Aus dem warmen Quell
Sprudelt's rasend schnell:
Endlich stirbt das Kind,
Froh die Engel sind!

Stürmisch ist die Nacht,
Blätter rauschen sacht,
Niemand sah sich um:
Finster blieb's und stumm.

....

Es hört ein wackrer Kriegersmann
Sich dies Geschichtchen einmal an,
Dem Tod konnt' er in's Antlitz sehn,
Doch jetzt im Aug' ihm Tränen stehn.

Ein Leichenhaus, ein Leichenhaus!
Ruft er aus vollem Halse aus.
Wir wollen nicht auf bloßen Schein
Beseitigt und begraben sein!

Wir wollen, alle Wetter auch,
Nicht halten an dem dummen Brauch,
Daß man mit uns zur Grube rennt,
Als wenn man's nicht erwarten könnt!

Für Tote haben Gelder wir,
Und um Lebend'ge handelt's hier!
Man sühnt wohl solche Grausamkeit
Nicht mehr in alle Ewigkeit.

Für Tänzer gibt es Raum und Zeit –
Oh, tiefbetörte Menschlichkeit.
Ihr alle seid so schlecht als blind,
Solang' nicht Leichenhäuser sind!

DER SCHEINTOTE

Und er schlief und schlief so lange,
Daß ihn keine Macht mehr weckte –
Unsichtbar bei Grabgesange
Sich der Totgeglaubte – streckte!

AN DEN KAISER NACH DER SCHLACHT

Eilst von Sieg zu Sieg
Pfeilschnell wie Achill,
Held in jedem Krieg,
Sprichst du nur: „Ich will!"

Fliehen Feindesheere
Und ergeben sich,
Werfen weg die Speere,
Unterwerfen sich.

Doch in deinem Ruhme,
Dicht im Lorbeer wächst
Noch 'ne große Blume:
Menschlichkeit, zunächst.

Drum gewähre heute,
Was der Dichter fleht:
Wenn des Todes Beute –
Feld voll Leichen steht,

Die Gefall'nen lasse,
Ob auch scheinbar tot.
(Oft der Toten Masse
Manch Lebend'ges bot!),

Die Gefall'nen lasse
Nicht vergraben bald,
Heldenmienen, blasse,
Sterben nicht so bald.

Daß nicht in der Tiefe
Solch ein Held erwacht
Und nach Hilfe riefe
In dem finstern Schacht!

DER TOTENWURM

Während dort der Wolkensturm
Über Meer und Länder fährt,
Pickt ganz leis' der Totenwurm:
Wer ihn wohl das Picken lehrt?

6. ABTEILUNG

Buch der Gestalten
(Bekannte und Unbekannte)

FÜR FERDINAND FREILIGRATH

Liebt die Dichter! Seht, sie geben
Euch das Beste, was es gibt!
Sie verschönern euch das Leben,
Dankbar Gegenliebe übt!

Blümlein wachsen, Wolken ziehen,
Im verborgnen wächst Metall,
Eise brechen, Sonnen glühen,
Im Kontrast gedeiht das All!

Jedes soll vom Seinen geben,
Schönheit wird zur Harmonie,
Reicher, edler wird das Streben,
Es entsteht die Poesie!

Kennt ihr nicht der „Blumen Rache"?
Nicht des „Schwarzwalds braune Maid"?
Eines Volkes Ehrensache
Ist des Dichters Feierkleid!

HEINRICH HEINE

Ruh' in Frieden, großer Dichter,
Ruh' in Frieden, Dichtergeist,
Ruh' in Frieden, Herz voll Saiten,
Das kein Mißton mehr zerreißt.

Oder singe, spiele weiter
In der selbstgeschaff'nen Art
Jener Lieder süßen Worte
Unvergleichlich, geistvoll, zart:

Von des Eichbaum's südlich Träumen
Auf des Nordens kalter Höh',
Von der armen Sünderblume.
Von Ramiros düsterm Weh'!

Singe in des Himmels Sphäre,
Alle Engel stimmen ein:
Witzli Putzli, Witzli Putzli!
Alle Poesie ist rein!

LORD BYRON

Eine Blume blühet –
Dunkler Horizont –
Bei dem schweren Wetter
Schwerlich sie sich sonnt.

Eine Blume blühet –
Dunkler Horizont –
Schwarze Wellen peitschend
Schäumt der Hellespont.

Eines Mannes Hand
Tauchet aber auf
In der Fluten Lauf.

Byron schwamm an's Land,
Wo die Blume stand,
Gab den Geist er auf.

SENIOR HERMANN BÖDEKER

Von Goethes Anblick überrascht,
Nach Worten einst ein Kaiser hascht.
Er sah ihn lange forschend an
Und rief dann aus: „Das ist der Mann!“

Ein wahrer Mensch – ja, ja, ganz recht;
Des Menschen Typus ganz und echt,
Trägt an der Stirn ein geistig Mal
Von seinem innern Ideal!

Wenn Wahrheit kündend die Gestalt
Das Schöne zeigt mit Allgewalt
Und tatverkündend vor uns tritt
Mit menschlich schönem Heldenschritt,

Dann sind wir tief und froh bewegt,
Und unser Herz nur Segen hegt!
Denn selten ist der Anblick nur
In uns'rer kleinlichen Natur.

Man rühmt als große Seltenheit
Das Götterfeuer Menschlichkeit,
(Es reiht Geschlecht sich an Geschlecht,
Selbstsüchtig, kleinlich, ungerecht!).

Ihr Funken hat fast ausgesprüht,
Er lodert nicht, und nicht er glüht.
Als Irrlicht nur noch auf dem Plan,
Stirbt er im Sumpf, im dunklen Wahn.

Wie anders ist's bei dir: Hinauf
Zum Himmel schlägt die Flamme auf,
Als Leuchte spendend rings ihr Licht,
Dein Name, er verlöschet nicht!

Es sitzt der Dichter zu Gericht,
Sein Urteil schreibt er im Gedicht,
Und wer dem Ideale gleicht,
Begeistert er die Palme reicht!

FAUST

O Faust, du Bild des Menschen,
Bald groß und klar, bald düster wild!
Wer dich gemacht, der war an Kunst ein Riese.
Gigantisch war der Stoff, und schön gelang das Bild.

ENTWEDER – ODER

Auch Goethe war nicht unfehlbar,
Was auch die Goethe-Jünger meinen:
Was sich nicht schickt, schickt sich für keinen.
Für jeden das, was recht und wahr.

RICHARD (WAGNER)

Hast Schulden über 'n Kopf gemacht,
Hast deinen König ausgesogen,
Die Zwietracht hast du angefacht
Und Bühlow um die Frau betrogen.

Doch eine wahre Wunderwelt,
Sie lebt in jedem deiner Stücke,
Die Schönheit, sie ist dargestellt.
Doch manchmal Sinnlichkeit und Tücke!

VOR SCHILLERS DENKMAL

Hast erhoben die Nation,
Großer deutscher Volkessohn.
Klein im Leben war dein Lohn,
Kleiner noch in Gips und Ton.

WALLENSTEIN

O Wallenstein, du eigner Held,
Bewundert viel, begeifert von der Welt.
Im Tode doch blüht dir das Glück,
Von Schillers Hand das hübsche Stück!

KEPLER

Du sahest herrliche Gesichte
In finstrer Nacht,
Ein ganzes Blatt der Weltgeschichte:
Du hast es vollgemacht!

ALS IHR DER TOD DIE TASTEN AUS DER HAND NAHM

Klara Wuras, lebst nicht mehr,
Bist der Welt so ganz entrückt?
Eine Blüte, schon geknickt –
Ach, an Tönen warst ein Meer.

Tausend Melodien strömten,
Brausten, Klara, auf's Klavier!
Ließest deine Saiten hier?
Deiner Töne Schmelz, verschämten?

Venetianisch süße Lieder –
Deiner Brautfahrt Melodei –
Klinget in dem Herzen wieder –

Gold'ne Wogen strömt herbei –
Rauschen wie des Aars Gefieder –
Klaras große Phantasei!

ZUR ERINNERUNG AN HERRN JOSEPH WOLFSOHN

Joseph Wolfsohn ist geschieden,
Mann von Ehre, höh'rem Sinn!
Unverstanden bliebst hienieden,
Joseph Wolfsohn: Er ist hin!

7. ABTEILUNG

Träumereien über fünf warme Gegenden und eine kalte

AMERIKA

Amerika, du Land der Träume,
Du Wunderwelt, so lang und breit,
Wie schön sind deine Kokosbäume,
Und deine rege Einsamkeit!

Mit deinen blau und roten Vögeln,
Mit deinem stolzen Blumenheer,
Mit deinen tausend Schiff' und Segeln,
Von denen voll dein weites Meer!

Mit deinen smaragd' grünen Blättern,
Mit deiner duftig kühlen Nacht,
Zu nah'n dir auf des Schiffes Brettern,
D'ran hab' als Kind ich schon gedacht!

Trotz deiner prächtig bunten Schlangen,
Trotz deiner heißen Sonnenglut
Gilt dir mein eifriges Verlangen,
Das mächtig nun und nimmer ruht!

KENNST DU'S NICHT?

Kennst du das Land,
Wo die Lianen blüh'n,
Und himmelhoch
Sich rankt des Urwalds Grün?
Wo Niagara aus den Felsen bricht,
Und Sonnenglut den freien Scheitel sticht?

Kennst du das Land,
Wohin Märtyrer zieh'n,
Und wo sie still
Wie Alpenröslein glüh'n?
Kennst du das schöne Land? Kennst du es nicht?
Die zweite Heimat ist's, so mancher spricht!

ICH BIN AUCH TSCHERKESSERIN!

Weit die Welt möcht' ich durchmessen
Bis zum schwarzen Kaukasus,
Auf die Schwelle des Tscherkessen
Setzen möcht' ich meinen Fuß.

Mit dem Lammfell auf dem Schopfe
Träte jener vor mich hin,
Essen würd' aus einem Topfe
Ich mit der Tscherkesserin.

Schöne Menschen, schöne Glieder,
Starker Mann und zartes Weib,
Aber seht, auch *dieses* Mieder
Enget wohlgestalten Leib.

Apfel fällt nicht weit vom Stamme,
Und wer sieht nicht, frag' ich, wer?
Daß es mir vom Auge flamme:
Ich auch bin Kaukasier!

IN DIE WÜSTE

Laßt mich in die Wüste laufen,
Wo die vierzig Palmen sind,
Wo die Dromedare saufen
Und die Quelle ewig rinnt.

Dort in jenen schatt'gen Bäumen,
Mit dem großen Geist allein,
Will ich alle glücklich träumen
Und werd' selber glücklich sein.

DER JORDAN VOM FELSEN AUS GESEHEN

In Abenddämm'rung schwanken
Die Lilien hin und her,
Und frische Rebenranken
Bespült das glatte Meer.

Die Schatten steigen nieder,
Der Mond mit weißem Strahl
Bescheint die Höhen wieder
Rings um das stille Tal.

Von einer jener Stellen,
Gelehnt am Felsenrand,
Sieht man des Jordans Wellen,
So weiß wie ein Gewand.

INDISCHES

Im Gebüsch gestreckt
Ruhet Hindu faul,
Gift'ge Schlange leckt
Gierig sich das Maul.

Nimmt erst Anlauf dann,
Springt auf Hindu ein,
Schlägt dem armen Mann
Giftzahn ins Gebein.

Hindu fliehen will –
Glieder sind verkrampft –
Bet't zu Buddha still
Und verscheidet sanft.

THULE

Laß uns wandern, laß uns schiffen
Nach dem Thuleland geschwind,
Fürchten nicht vor schwarzen Riffen
Und vor Wind und Sturm und Wind!

Nächtliche Gestade dämmern,
Pfeift der Wind auch kalt und hohl;
Unsre Herzen freudig hämmern,
Fühlt man sich nicht wohl, ja wohl?

Stolz erhob'ne Zwerge stehen
Längs der Küste ganz und gar,
Doch wir freundlich sie ansehen
Durch ein trautes Augenpaar.

„Stolze Zwerge, laßt uns landen,
Nimmer tuen wir euch Leid,
Da wir Thuleland jetzt fanden,
Ganz verstummet ist der Neid!"

Zwerglein freudevoll bewegt sich
Auf dem Eiland warm und lau,
Sicher steht es auf und legt sich:
„Nicht bei Menschen ist es so!

Menschen sind wie schwache Pinien,
Schlangen sie umwinden stets,
Und auf ihrer Antlitz' Linien
Wohnt der Haß und wohnt der Geiz!"

Mit den Worten, scharfen, grausen,
Trieben sie uns stolz zurück,
Durften doch nicht länger hausen,
Stets geschieden so vom Glück.

Schnell der Wind entführt uns wieder
Auf das mitternächt'ge Meer,
An der Wang' tropft mir hernieder
Eine nicht verhalt'ne Zähr'.

Und sooft ich jetzt auch schiffe,
Doch ich nimmer wiederfand
Meinen Weg durch Sturm und Riffe
Nach dem fernen Thuleland.

8. ABTEILUNG

Lange Balladen und kurze Stimmungsbilder

DER TIERBÄNDIGER

Des Tierbändigers Bude ist drückend voll,
Die Menge lauscht lautlos andächtig schier,
Da tritt zornig herein das Panthertier,
Und stattlich der Löwe und würdevoll,
Und mit grausigen Tönen dicht hinterdrein
Zwei schwarze Hyänen hinein in die Reih'n.

Des Bändigers Tochter von hoher Figur,
Von lieblich rundem und rosigem Gesicht,
Von glänzend hellbraunem Augenlicht,
Das schwarze Köpfchen in Mannesfrisur,
Betritt grüßend den Kreis, im Miederchen nett
Um schneeige Schultern, und lächelt kokett.

Johanna, gewappnet mit bannendem Blick,
Sie schwingt sich hinauf auf den Leu,
Mit sanftem Mut und mit selt'ner Treu
Erträgt sie das königliche Genick,
Stolz kreuzt sie die Arme und lächelt dabei,
Und die Menge lohnt ihr mit Bravo-Geschrei.

Die Jungfrau steigt ab, und mit Heldenmut
Fährt in des Panthers Rachen ihr Arm,
D'rin braust's gewaltig wie Bienenschwarm,
Und wilder tobt es in Heißhungers Glut.
Sie reicht ihm das Becken mit Blut gefüllt,
Und gierig, doch langsam den Durst es nun stillt.

Inzwischen sieht man die Königin der Wut
Gefräßig schnaubend spähen ringsum,
Das Mädchen bieget den Nacken krumm,
Und hinten hinauf steigt die wilde Brut.
Den Mörder am Halse, sie lächelt dabei,
Und die Menge lohnt ihr mit Bravo-Geschrei.

Die zweite Hyäne eilt nun hinan,
Die erste klettert rückwärts hinab,
Johanna beiden die Fütterung gab,
Ihr strahlender Blick, er hält sie im Bann.
Und dankend entflieht sie dem stürm'schen Applaus,
Der Bändiger führet die Tiere hinaus.

Hierauf tritt herein das gehörnte Pferd,
Das seltsam geformte, seltene Gnu,
Und leicht hüpft herein das Känguruh.
Ein „Ach" des Staunens im Kreise man hört,
Denn des Känguruhs seitwärts laufender Sprung
Erregt die allgemeinste Bewunderung.

Der Bändiger führt nun auch Affen hinein,
Die Tiere, ledig der keuschen Scham,
Die Menge es demütigend überkam
Beim Schattenbilde vom menschlichen Sein –
Die törichten Knaben nur jubeln dazu,
Der Bändiger benennet die Tier im Nu.

„Ich sparte", ruft laut er, „trotz niederem Preis,
Was am meisten die Augen ergötzt,
Das Allerschönste euch auf zuletzt –
Johanna, getrocknet schon ist dein Schweiß:
Wir zeigen nun endlich die zwanzig Fuß lange
Und hundert Pfund schwere Riesenschlange!"

Und siehe, man treibt aus dem Seitenstall
Hinaus ein schneeweißes junges Lamm,
Ach, zaghaft das Auge in Tränen ihm schwamm,
Doch vorwärts dröhnt ihm der Peitsche Geknall.
Das Lämmchen, das heute zum Tode bestimmt,
Die Unschuld zu retten kein Mensch unternimmt.

Nun trägt man hinein die riesige List,
Mit Kraft und Schönheit herrlich geschmückt,
Und drohend und schlau sie rings um sich blickt,
Und aus der Menge ertönet ein lautes „Pst!"
Johanna daneben, sie lächelt dabei
Und zeigt ihrer Zähne hellglänzende Reih'.

Die prächtige Riesin, sie wendet sich um,
Raubgierig spähend und unheilsvoll,
Man sah, wie am Kopfe das Blut ihr schwoll,
Und windet sich um das Mädchen herum.
Die männliche Jungfrau, sie lächelt dabei,
Und die Menge lohnt ihr mit Bravo-Geschrei.

Nun holt sie das Lamm, das niedliche Tier,
Hält's geschickt vor ihr hin in der Hand,
Die Schlange blickt glühend unverwandt,
Und zischend hascht sie danach mit Begier.
Da zittert das Mädchen, das Antlitz entstellt,
Das Haar sich ihr sträubt, und das Lamm ihr entfällt.

Schnell will sie's erhaschen, den Kopf sie senkt,
Doch im Zug sich das Untier befand,
Ein Nu, ein Schrei, das Köpfchen verschwand,
Und die schöne Gestalt am Rachen hängt.
Noch hebt sich die Brust, noch zuckt es darin,
Und dem starren Vater läuft's wild durch den Sinn.

Er zieht ein Terzerol, er feuert es los,
Rasch in den giftigen Schlund hinein,
Die Tochter will er vom Fraße befrein.
Und richtig er traf, denn richtig er schoß:
Es wälzt sich in schwärzlichen Strömen von Blut,
In schäumendem Geifer die furchtbare Brut.

Nun öffnet der Bändiger den riesigen Mund,
Sein stierer Blick sprüht funkelnden Glanz,
Johanna ist tot, doch sie ist ganz,
Nur rund um den Hals, da ist es wie wund.
Die grausame Schlange nahm langsam sich Zeit,
Fast schien es, als tät's um die Jungfrau ihr leid.

Der Bändiger blickt scheu im Kreise herum,
Da dringt kein einziger Laut an sein Ohr,
Die Menge sich fühllos längst verlor,
Und im Bretterzelt ist's entsetzlich stumm.
Der Mond durch die Spalten bescheinet darin
Den Tierbändiger zu Füßen der Tierbändigerin.

DIE JAGD

Hell der Himmel ist erleuchtet,
Sonnenstrahlen hin und her,
Frischer Tau den Rasen feuchtet,
Silbern glänzt das Jagdgewehr.

Eine Jagd ist's! Blutig jagend
Eilt der Jäger durch den Wald,
Für das Böse alles wagend,
Mordruf weit und breit erschallt!

Bei dem blut'gen Reh daneben
Steht der Schütze, blutig rot:
„Räche, Gott, mein schuldlos' Leben!"
Fleht das Tier vor seinem Tod'.

Trotzig glänzt des Weidmanns Miene
Bei des jungen Rehes Blut,
Und es war, als wenn's ihm schiene,
Heute hätt' er Glück und Gut.

„Oh, daß ich den Bock erwische!"
Und so stürzt er rasend fort,
Und bleibt hängen im Gebüsche.
Fremdes Roß, es tummelt dort;

Schleift den Jäger zu der Heide,
Wo das Tier getroffen liegt,
Still am Boden liegen beide:
Schuldlos' Reh hat obgesiegt!

DAS VÖGLEIN UND DER LANGE FLUSS

Es eilt der Fluß
Die Wiese entlang,
Ein Vöglein hüpft
Dabei und sang.
Doch da der Fluß
Kein Ende nahm,
Das Vöglein müd'
Zur Erde kam.
Und es sang nicht mehr,
Und es grämt sich sehr,
Weil's, ach, so schwer,
Ach, gar so schwer.
Und es freut' sich nie,
Weil alle Müh'
Ihm nicht gedieh,
Ihm nicht gedieh . . .

UFERGEMÄLDE

Es heulet der Sturm,
Es tobet die See,
Es peitschet der Wind
Die See in die Höh'.

Es steuert ein Fahrzeug
Am seegrünen Strand,
Es steiget die Mannschaft
Mit Beben an's Land.

WINTERGEMÄLDE

Es schneit im Wald
Unheimlich kalt.
Ein Mann versinkt im Schnee.
Sein „Ach", sein „Weh"

Verhallet bald
Im großen Wald.
Die Jagd,
Sie naht,
Zertritt die Saat.
Ein angeschossen, blutend' Reh
Versinkt im Schnee.
Die Büchse knallt.
Der Schuß verhallt.

DER KONTRAST

Im feinen, weißen Spitzenkleide,
Im braunen Haar Kamelienkranz,
Steht heut Madam', 'ne Augenweide,
Macht Toilett' beim Kerzenglanz.

Vier Hände sind bemüht zu schmücken
Ihr selig lächelnd' Angesicht,
Ihr Dies und Jenes recht zu rücken,
Und auch die ihr'gen ruhen nicht.

Sie geht zum Ball, und dreist ich sage,
Die Frau ist reizend, wunderschön,
Daß sie gefällt, ist keine Frage,
Das muß ihr selbst der Neid gesteh'n!

Wenn auch nicht eingehüllt in Flimmer,
So spielt doch fast dieselbe Szen'
Ihr Herr Gemahl im Nebenzimmer,
Der freilich etwas minder schön.

Sehr fein ist seine Toilette,
Reich glänzt der Ring an seiner Hand,
Er putzt die goldene Lorgnette
Und steckt die Zigarre in Brand.

Er ist schon fertig, spricht mit Würde:
„Der Wagen steht für uns bereit,
Du bist sehr schön, genug der Zierde,
Mein Kind, es ist die höchste Zeit!"

„Wie glücklich bin ich", ruft sie leise,
„Auch ich", sagt lauter ihr Gemahl,
„Es macht mich deine Art und Weise
Sehr stolz auf meine gute Wahl!"

„Komm", spricht er, froh an Pharo denkend:
„Dir alles, alles herrlich steht",
Und seinen Kopf bedenklich senkend,
„Wir kommen wahrlich heut zu spät!"

Nur noch das Halsband mit Demanten,
Nur noch die Brosche mit dem Opal,
Das Taschentuch mit den Brabanten,
Den Blütenstrauß und dann den Shawl!

Zu End' ist nun die Toilette,
In Wahrheit ein possierlich' Bild,
Solch Torheitseifer um die Wette
Stets aus beschränktem Geiste quillt.

So jung, so schön, so voller Freude,
So voller Anmut und so reich
Eilen hinunter nun die beiden,
An Eleganz sich selber gleich.

Die reichen Menschenkindchen träumen
In dem Moment von Unglück nicht,
Da sieh, wie scheu die Rosse bäumen
vor eines Mannes Angesicht.

Ein armer Mann, die Stirn voll Falten,
Mit stierem Aug' und hohler Wang',
Mit Lippen dünnen, bleichen, kalten,
Die schon vertrocknet schienen lang.

Er stand an jener heiter'n Schwelle,
Verhungert und erstarret fast.
Der Mond beschien an jener Stelle
Das Elend unter seiner Last.

„Ich flehe", spricht er, „um Almosen"
Und küßt der schönen Frau die Hand,
Sein schwacher Kuß drückte die Rosen,
Die an des teuren Handschuh's Band.

„Mein Freund", sagt sie mit kalten Mienen,
Erzürnt durch diese Freveltat,
„Ich habe keine Zeit zu Ihnen!
Ob Robert etwas Kleingeld hat?"

Ihr Mann zieht nun den vollen Beutel,
Wie herrlich glänzt darin das Gold!
Doch all sein Suchen war nur eitel,
Denn wen'ges war's, was er gewollt.

„Halt, halt, gib etwas jenem Armen!"
So herrscht der Herr den Kutscher an,
Des Letzter'n Blick fällt voll Erbarmen
Und Grauen auf den armen Mann.

Er greift hinein in seine Taschen,
Zwei- und Viergroschen sind darin,
Schnell sucht er beide zu erhaschen
Und wirft sie schnell dem Armen hin.

„Hier, Bruder, sind sechs Groschenstücke,
's ist alles, was ich geben kann,
Und", sagt er sanft mit feuchtem Blicke,
„Fragt manchmal dort im Giebel an!"

Jetzt rollte fort der rasche Wagen,
Der Kutscher wischt ein Aug' sich ab:
Er denkt an all' die großen Fragen,
Die solch Kontrast zu lösen gab.

WOHER?

Der müde Wand'rer sitzt am Steg,
Vorüber eilet der Fluß,
Am Ufer lehnend, die Hände gekreuzt
Und badet den müden Fuß.

Die Hände so braun, und braun ist der Fuß,
Noch brauner ist das Gesicht.
Wo kam er nur her, der müde Gesell'?
– Wahrhaftig, ich weiß es nicht. –

BALLADESKES FRAGMENT

. . .
Der Räuber liegt am Strande,
Er lauschet den Akkorden,
Er ist nicht mehr imstande,
'nen Menschen zu ermorden.
. . .

9. ABTEILUNG

Hymnische Ausklänge

SCHWANENGESANG

Nieder steig' ich zu den finster'n Schatten,
Die mich krönt, die Krone leg' ich ab,
Endend meinen Erdlauf, lebenssatten,
Wo sie stets das einz'ge Gut und Hab'!

Strahlen wird sie künftig nicht im Lichte,
Die ein Gott für Licht und Glück bestimmt,
Die die Frucht begeisterter Gesichte
Nie der Orkus zu sich wieder nimmt!

Ewig werden meine Lieder blühen,
Die zu dichten mir Natur vergönnt,
Mögen aller Teufel Augen glühen,
Zieht sie nieder doch, wenn ihr es könnt!

MITWELT UND NACHWELT

Zu des Orkus' finsteren Gewalten
Lege ich mein lebensmüdes Haupt,
Ungeheuer, öffne deine Falten,
Viel hab' ich gestrebt und viel geglaubt!

Jung und kräftig und vom Mute strahlend,
Lebenswarm die Brust, das weiche Herz:
Mitwelt, deine Schuld bezahlend,
Gräbt die Nachwelt einst mein Bild in Erz.

LETZTE MAHNUNG

Von den Sternen fiel ich nieder
Und verwinde nie den Fall,
Aber meine Hohelieder
Ziehen klangvoll durch das All!

Und wenn ich dereinst 'mal sterbe,
Mahnet euch der Musen Chor:
Nicht enthaltet dieses Erbe
Euren Nachekommen vor!

INHALT

Interview auf dem Parnass 5

1. Einleitende Bekenntnisse und Geständnisse

Die Eingebung 14
Gegen Vorurteile 14
Fest wie eine Memnonssäule 15
Sonett 16
Resignation 17
Düst're Ideen 17
Am Scheidewege 17
Mich nicht! 19
Trost in schwerer Stunde 19
Elegie 20
Nichts wißt ihr 20
Letzte Fragen 21
Wenn's gelingt 21

2. Verteidigung der Poesie; vor allem der eigenen

Poesie ist Leben 24
Untrefflich 24
Stoßseufzer 24
An den Lorbeer 24
Tröstend senkt die Poesie 25
Versenkung 25
Die Nachtigall (Dichter) und die Katze (Kritiker) 26
Die Poesie 27
Mir egal 27
Ohne ein Zwitschern 28
Genie ist Fleiß 28
Ein anständiger Mensch nennt sich 28
Der der – das das – die die 29
Unnütz lyrisches Gesinge 29
Freie Rhythmen 30
In der Brandung 30

3. Philosophische Gedankenlyrik und Nachdenkliches

Die Ringung 32
Das Ideelle 32
Schön und nicht schön 33
Das Leben ist ein Gedichte 34
Prall nicht an 34
Hilfe 34
Großer Mensch ist nicht gelind 35
Auf des Lebens Ozean 35
Biblisches 35
Freiheit und Notwendigkeit 36
Vertrauen in Gott 36
Astronomisches 37
An den Höchsten 37
Beim Anblick eines prachtvoll gewesenen Buketts 38
Frühling 38
Am fremden Ort 38
Das Leben I 39
Das Leben II 39
Angesichts des Ozeans 40
Alles wird erst 40
Kurz oder lang 40
Träumerei 41
Mahnung 42
Die Nemesis 42

4. Mensch und Tier in der bürgerlichen Gesellschaft

Wie verschieden ist's hienieden 44
Lob der Zufriedenheit 44
Ergo: Bruder! 45
Die zwei Gnomen Fanatismus und Geld 45
Wanderlied des fliegenden Händlers 46
Zum Problem der Arbeitszeit des Landmannes 46
Soziales Bekenntnis 47
Egoismus 47
Toleranz 48
Nur zu! 49
Verleumdung 49

Gedanken über das niedrige Lächeln der Dirne 49
Physiognomisches 50
Gegen die Einzelhaft 50
Unschuldig verurteilt sein 51
Mensch und Tier 51
An die Darwinisten 51
Verschiedene Sorten Ärzte 52
Gegen die Vivisektion 52
Das weise Vieh 52
Anfrage an die Zugvögel 53
Leipziger Lerchen 54

5. Die Toten und die Scheintoten

Das scheintote Kind 56
Der Scheintote 58
An den Kaiser nach der Schlacht 58
Der Totenwurm 59

6. Buch der Gestalten (Bekannte und Unbekannte)

Für Ferdinand Freiligrath 62
Heinrich Heine 62
Lord Byron 63
Senior Hermann Bödeker 64
Faust 65
Entweder – oder 65
Richard (Wagner) 65
Vor Schillers Denkmal 66
Wallenstein 66
Kepler 66
Als ihr der Tod die Tasten aus der Hand nahm 66
Zur Erinnerung an Herrn Joseph Wolfsohn 67

7. Träumereien über fünf warme Gegenden und eine kalte

Amerika 70
Kennst du's nicht? 70
Ich bin auch Tscherkesserin! 71

In die Wüste ... 71
Der Jordan vom Felsen aus gesehen ... 72
Indisches ... 72
Thule ... 73

8. *Lange Balladen und kurze Stimmungsbilder*

Der Tierbändiger ... 76
Die Jagd ... 79
Das Vöglein und der lange Fluß ... 80
Ufergemälde ... 80
Wintergemälde ... 80
Der Kontrast ... 81
Woher? ... 84
Balladeskes Fragment ... 84

9. *Hymnische Ausklänge*

Schwanengesang ... 86
Mitwelt und Nachwelt ... 86
Letzte Mahnung ... 87

Universal Bibliothek

BELLETRISTIK

JOHN DONNE

Zwar ist auch Dichtung Sünde

Gedichte
Englisch und deutsch

Aus dem Englischen. Nachdichtungen von M. Hamburger und Chr. Schuenke.
Herausgegeben von M. Hamburger
Mit 10 Federzeichnungen von I. Kraft
Band 944. Broschur 1,50 M

Noch nicht dreißigjährig, galt John Donne (1572–1631) unter seinen Zeitgenossen als Dichter, ohne auch nur eine Zeile veröffentlicht zu haben. Lediglich vier Gedichte ließ er zu Lebzeiten drucken, dennoch galt er einer Generation von Lyrikern als Vorbild. Kurz nach seinem Tode erschien 1633 eine aus fliegenden Blättern zusammengestellte Gesamtausgabe seiner Dichtungen, und dreißig Jahre lief eine Auflage nach der anderen von der Presse.
Wie Shakespeare in der Dramatik hat Donne in der Lyrik Herausragendes zur Erneuerung der Sprache geleistet. Ein bedeutender Poet, für manche Kenner der größte Liebeslyriker englischer Zunge, hier mit einer beachtlichen Auswahl seiner Gedichte und Sonette, Elegien und Satiren vorgestellt.

Universal Bibliothek

BELLETRISTIK

MICHAIL LERMONTOW

Einsam tret ich auf den Weg, den leeren

Gedichte · Russisch und deutsch
Herausgegeben und mit einem Nachwort von V. Feyerherd
Mit 38 Abbildungen von Gemälden, Aquarellen und Handzeichnungen des Dichters
Band 1086 · Broschur 4,– M

Diese Auswahl von 110 chronologisch geordneten Gedichten – davon 70 in erstmaliger oder neuer Übertragung – betont vor allem das bisher wenig beachtete Frühschaffen des von Puschkin und Byron beeinflußten Dichters. Thematisch erfaßt die Ausgabe die aus persönlichen Erlebnissen und Stimmungen wie auch die in Auseinandersetzung mit historischen und aktuellen Ereignissen entstandenen Gedichte, die volksliedhafte Dichtung und Nachdichtungen deutscher Klassiker. Reflexion und psychologische Durchdringung, Unmittelbarkeit des Ausdrucks und geschliffene Sprache charakterisieren die Lyrik Lermontows (1814 bis 1841), der im Bildteil des Bandes auch als begabter Maler vorgestellt wird.

Universal Bibliothek KUNSTWISSENSCHAFTEN

FRIEDRICH SCHILLER

Über Kunst und Wirklichkeit

Schriften und Briefe zur Ästhetik

Herausgegeben und eingeleitet von C. Träger
Band 595 · Broschur 3,– M

Friedrich Schiller (1759–1805) wird mit dieser Auswahl aus seinen ästhetischen Schriften als „Theoretiker des Übergangs vom Ideal zur Wirklichkeit" vorgestellt.
Inhalt: Die Schaubühne als eine moralische Anstalt betrachtet / An Körner über das Nationalepos / Über den Grund des Vergnügens an tragischen Gegenständen / Über das Pathetische / Über Anmut und Würde / Gedanken über den Gebrauch des Gemeinen und Niedrigen in der Kunst / Über die ästhetische Erziehung des Menschen in einer Reihe von Briefen / Über das Erhabene / Über die notwendigen Grenzen beim Gebrauch schöner Formen / Über naive und sentimentalische Dichtung / An Humboldt über die Wendung vom Idealismus zum Realismus / Über den Gebrauch des Chors in der Tragödie / u. a.